ŒUVRE DES CERCLES CATHOLIQUES D'OUVRIERS

VICTOR CHAUVIGNÉ

OUVRIER CORDONNIER

MEMBRE DU CONSEIL INTÉRIEUR

DU

CERCLE MONTPARNASSE

PARIS

AU SECRÉTARIAT DE L'ŒUVRE

10, RUE DU BAC, 10

Paris. — Impr. Saint-Générosus. — J. Mersch, 126, boul. Montparnasse.

VICTOR CHAUVIGNÉ

Le 21 août 1876, Victor Chauvigné s'éloignait du Cercle Montparnasse, où il habitait depuis le mois de mai 1872. Il allait passer quelques jours dans son village, à Chemillé-sur-Dème (Indre et Loire), auprès de sa famille, avant d'accomplir ses vingt-huit jours, comme réserviste dans le 33ᵉ d'artillerie, en garnison à Poitiers. Il nous quittait sans doute avec regret, mais il n'était pas triste. Homme de devoir avant

tout, il nous fit ses adieux, comptant nous revoir
bientôt. Hélas, c'était pour la dernière fois que nous
lui serrions la main, et que nous voyions son bon
sourire, son regard plein de douceur et sa florissante
jeunesse dans la vigueur de ses vingt-huit ans.

Il nous a semblé que c'était un devoir de conserver le souvenir et les traits principaux de cet
humble travailleur, l'un des types les plus accomplis
des représentants de notre association ouvrière,
qui, sous le titre de membres des conseils intérieurs
des Cercles catholiques d'ouvriers, accomplissent
obscurément la restauration de la corporation chrétienne d'arts et métiers, qui assura pendant des
siècles la prospérité de la classe ouvrière et la sécu-
rité sociale.

I

Victor Chauvigné naquit à Chemillé-sur-Dême,
le 20 avril 1848. Il perdit son père à l'âge de six ans;
sa mère, restée veuve avec trois enfants, et sans aucune ressource, se dévoua au soutien de sa jeune
famille. Elle eût succombé à la tâche, sans la foi et le

courage qui l'animaient et qu'elle légua en héritage à ses enfants.

Victor fréquenta l'école jusqu'à neuf ans. Il fut placé ensuite comme berger dans une famille de laboureurs très pieuse, qui développa les germes de son éducation première. Il y resta un an et demi, et revint à la maison maternelle pour suivre le catéchisme et faire sa première communion.

Ayant témoigné le désir de se mettre au travail pour soulager sa famille, il fut placé en apprentissage chez un cordonnier du pays, qui lui laissa toute liberté pour ses devoirs religieux.

Son instruction primaire étant fort incomplète, il consacra ses veillées à la fréquentation de la classe d'adultes. Son apprentissage terminé, il alla travailler au dehors; d'abord, à la Châtre, et à Lhomme (Sarthe), où il se fit remarquer par une conduite exemplaire. Vers 1864, il alla passer environ un an à Saint-Jean-de-la-Motte, chez un cousin germain; puis, revint à Chemillé, où il resta trois ans, et acheva de s'instruire en suivant assidûment les cours du soir.

Vers 1869, Victor Chauvigné quitta Chemillé pour aller à Tours. Quand la guerre éclata, il fut appelé sous les drapeaux et fit partie du 2e bataillon des mobiles d'Indre-et-Loire, où, comme partout, il fit son devoir. Licencié en 1871, il manifesta le désir d'aller à Paris. Son Curé le jugeant assez fort pour résister aux périls de la capitale, le lui permit. Cependant, il ne le laissa pas partir sans le recomman-

der aux Œuvres ouvrières catholiques, et il l'adressa
au Cercle Montparnasse.

Les divers déplacements de Victor n'étaient pas
inspirés par la dangereuse tentation de voir du pays,
l'une des principales causes de la perte de la jeunesse
ouvrière de province. Chauvigné avait une mère à
soutenir; au fond de son village, il ne pouvait acquérir la connaissance entière de son état. Il faut remarquer, d'ailleurs, que jusqu'à vingt ans, il s'éloigna
peu de Chemillé, et, qu'au bout de quelque temps,
il ne manquait pas de venir se retremper au foyer de
famille. Il n'entreprit le voyage de Paris qu'à l'âge de
vingt-quatre ans, c'est-à-dire, avec le jugement
formé, une certaine expérience de la vie, et le savoir
professionnel assez avancé pour assurer son existence.

Chauvigné était un véritable ouvrier. Il aimait
passionnément son métier et y était devenu fort
habile. Pendant son séjour à Paris il travailla constamment pour le même patron, qui l'aimait et le
regretta vivement. Il gagnait de bonnes jour-
nées, sans être obligé de se livrer à un labeur d'es-
clave, du dimanche et d'une partie des nuits, ainsi
que le font un grand nombre de cordonniers pour
gagner à peine le nécessaire. Aux Expositions des
travaux des membres des Cercles et des Patronages
de Paris, qui ont lieu chaque année, Chauvigné
remporta la médaille d'honneur.

L'un des secrets de son existence libre et aisée
était la fidélité au règlement de vie qu'il s'était fait
pour son lever et son coucher, pour ses repas et son

travail. Le modeste coucou qui lui servait d'horloge était obéi comme la cloche du couvent par le fervent religieux. Le camarade qui, vers l'heure du déjeuner, venait le chercher dans sa chambre pour l'accompagner au restaurant, était obligé d'attendre que l'horloge primitive eût fait sonner son carillon. « Il y a encore une minute et demie », disait le fidèle Chauvigné, en fixant du regard le cadran, sans interrompre son travail.

Devenir bon ouvrier est l'un des principaux devoirs des membres des Cercles catholiques. L'habileté dans le métier est une condition nécessaire pour résister à la persécution dans les ateliers, et acquérir l'autorité indispensable à un apostolat efficace. La moralité de l'atelier dépend plus du contre-maître que du patron, qui lui en abandonne d'ordinaire le gouvernement. Le repos du dimanche, l'interdiction des propos licencieux et des blasphèmes, le respect et la protection de l'apprenti ; en un mot, la réforme morale de l'atelier dépend des contre-maîtres. Aussi est-ce par eux que l'Internationale est devenue maîtresse de tant d'ateliers. Cette supériorité appartiendra aux ouvriers chrétiens, lorsqu'ils le voudront. Partout les patrons les préfèrent déjà aux autres, assurés qu'ils sont de trouver chez eux la probité et l'exactitude. La Révolution a abaissé le niveau des intelligences dans le peuple, où les bons travailleurs deviennent de plus en plus rares. Cet abaissement a été la conséquence des habitudes de débauche, qui ont grandi avec la perte de la foi C'est donc sans peine, aujourd'hui, que le groupe des ou-

vriers chrétiens pourra devenir l'état-major de l'in-
dustrie.

II

Dieu, qui avait ses desseins sur l'âme de Victor, le
dirigea vers l'Œuvre des Cercles catholiques d'ouvriers pour accroître en lui l'esprit de piété. La
vie de l'ouvrier qui travaille en chambre est plus
favorable à la méditation que la vie d'atelier,
pleine de mouvement extérieur et de dissipation.
Victor, cœur ardent, intelligence lucide, comprit
bien vite la portée de l'Œuvre des Cercles, le bien
qu'elle devait faire aux âmes, à la jeunesse, aux ouvriers et à la religion. Il l'aima, il s'y donna tout
entier. Ses pensées s'y absorbèrent. Son cœur, d'au-
tant plus sensible qu'il était plus contenu, s'enflamma
pour elle d'une passion qu'il nous serait impossible
d'exprimer. Pour en faire comprendre la puissance,
nous n'avons pas de plus sûr témoignage que ses
lettres. Le style de ce travailleur sans litté-
rature est lumineux et substantiel. La chasteté
centuple la vigueur d'un esprit droit et le pé-
nètre d'une clarté intense. Aussi l'affection si vive

de Chauvigné pour le Cercle fut-elle avant tout sur-
naturelle. S'il en goûta les attraits et les exercices
variés, s'il en aima les membres et les directeurs,
il en apprécia surtout l'esprit et les règles. Il comprit la nécessité pour un jeune homme à Paris, de
la communion fréquente, et celle de l'assiduité aux
réunions du Cercle, pour en profiter réellement. Il
communia bientôt tous les huit jours, sans y manquer
jamais. Pendant son séjour de quatre années à Paris,
il ne s'éloignait du Cercle, où il habitait, que pour les
nécessités de son travail. Il sortit le dimanche, à
peine trois ou quatre fois, pour visiter la ville, et
chaque fois, dit-il, il se sentait *le cœur serré*.

Pour confirmer l'exacte vérité de nos paroles, nous
donnons ici l'extrait d'une des lettres de cet admirable jeune homme, écrite deux ans avant sa mort, au
Directeur de son Cercle, qui lui avait fait une ouver-
ture relative à un mariage et à un établissement
avantageux.

« . . . Ce qui me contrarie en cette affaire, c'est
qu'il me faudra rester constamment dans la boutique,
sans pouvoir en sortir presque jamais. Le Cercle que
j'aimais tant, serait par cela-même abandonné, et
c'est un supplice pour moi, que ce sacrifice. A Paris,
je n'avais d'autre bonheur qu'au Cercle et je ne pour-
rais plus y aller! s'il était possible d'avoir une position avec la liberté que j'avais autrefois, je n'hésite-
rais pas comme je le fais. Les deux années que j'y
ai passées, seront certainement les plus heureuses de
ma vie, de celles que l'on ne peut pas oublier. Quand
quelquefois je le quittais pour des choses que je me

croyais obligé de faire, comme, par exemple, des pro-
menades dans Paris, pour en connaître les principaux endroits, c'était toujours le cœur serré que je
le faisais, mais avec l'intention de revenir le plus tôt
possible. . . . »

III

Ce fragment peint l'homme et dit toute son âme;
le jour, il le passe dans la solitude, en sa pauvre
chambre de cordonnier, transformée en cellule pieuse,
par l'union à Dieu. La soirée et le dimanche tout
entier, il demeure au milieu des membres du Cercle
pour les servir et leur faire du bien. Va-t-il parler
beaucoup et se réjouir bruyamment, comme pour se
dédommager du silence de la journée, et de l'ennui
d'un monotone travail? Nullement; Chauvigné parmi
ses camarades, si chers à son cœur, ne disait presque
rien. Les *membres amateurs*, qui ne font que passer,
pouvaient le taxer de froideur. Il n'était que timide,
malgré ses vingt-huit ans; mais son âme était de feu.
On le sentait dans sa chaude poignée de main, et

surtout dans son regard profond, qui rayonnait de ses grands yeux noirs. Au milieu du jour, après son déjeuner, il allait faire sa visite au Saint-Sacrement à la chapelle, avec une ponctualité d'horloge. Que disait-il à Notre-Seigneur? Si ses lèvres ne formulaient rien, ses yeux disaient que son cœur n'était ni muet, ni froid.

Rarement il parlait à son Directeur. Pour toute chose un peu grave, il lui écrivait; mais combien de fois par jour venait-il lui serrer la main, le regardant, sans rien lui dire, de ses yeux attendris, qu'on ne peut se rappeler sans émotion, maintenant qu'ils sont fermés à la terre.

Le portrait que nous venons d'esquisser n'a rien d'exceptionnel. Celui qui connaît les vrais ouvriers, ceux qui travaillent, non pas ceux qui pérorent dans les clubs et dans les congrès, retrouvera dans cette figure sévère et douce, les traits caractéristiques de l'ouvrier chrétien, préservé de la flétrissure et de l'abrutissement de l'ouvrier révolutionnaire.

Dans un des brefs, adressés au Comité de l'Œuvre des Cercles, le grand Pie IX, qui connaît bien l'ouvrier, puisqu'il consacra à une œuvre ouvrière (*Tata Giovanni*) les prémices de son sacerdoce, Pie IX les peint en deux mots : « *Les simples et fidèles enfants de la classe ouvrière.* » Simplicité, fidélité, voilà le portrait achevé de ces ouvriers dont Victor Chauvigné est le type admirable. Les paroles du Saint-Père sont comme la photographie même de cette classe ouvrière catholique qui nous sauvera.

I V

Fidélité, simplicité, ces deux mots résument en quelque sorte la vie et le caractère de notre cher Victor, pendant les quatre années qu'il a passées au Cercle Montparnasse.

Quoique nouveau encore, il ne tarda pas à être désigné aux suffrages des sociétaires pour la fonction de conseiller. On s'inquiète parfois des résultats du mode de suffrage prescrit par le réglement des Cercles catholiques. Quand le corps des sociétaires est animé de l'esprit chrétien, qu'implique ce régle-ment, le suffrage réglé, sans cesser d'être libre et sincère, produit les résultats les meilleurs. Ils sont donc absolument contraires à ceux qui, dans l'ordre politique, sont imposés aux ouvriers par la tyrannie et l'ambition des sectaires.

La piété et l'assiduité sont les qualités du bon sociétaire; mais le dévouement est particulièrement celle du conseiller, modèle de ses frères par la parole et l'exemple.

De ce qui précède, on concluera aisément que chez

Victor Chauvigné le dévouement était complet et absolu. Le dévouement par élan et de circonstance est facile au caractère français. Le dévouement persévérant et ponctuel dans la vie ordinaire est beaucoup plus rare.

Chauvigné n'attendait pas qu'on fît appel à son zèle. S'il voyait quelque partie de l'Œuvre en souffrance, il y songeait et y remédiait de son mieux et de lui-même. S'il montrait quelque répugnance à l'égard de certains services, c'était pour les fonctions qui l'eussent mis en évidence, telles, par exemple, que les honneurs et le placement dans une séance publique, à moins qu'il n'y eut à exercer une surveillance utile à l'ordre ou à la bonne tenue du Cercle. Il ne craignait pas de remplir les postes où l'on est sûr d'encourir le mécontentement des jeunes gens, peu amis de la discipline ; il ne pensa jamais qu'il pouvait y perdre ce qu'on appelle la popularité. Il allait par instinct au devoir, partout où le bien était à faire et le mal à empêcher. Il n'eut jamais d'autre politique, ni d'arrière-pensée, que le bien de l'œuvre.

Ainsi fut-il pendant plusieurs années l'un des plus zélés membres de la *Commission d'entrain*, instituée pour conserver au Cercle l'habitude et le goût des jeux à courir, si salutaires à l'esprit de joie et de simplicité, mais assez difficiles à maintenir parmi des hommes absorbés et fatigués par les travaux de la semaine.

Cette fonction ne pouvait donc offrir beaucoup d'attrait à un homme de l'âge et du caractère de Chauvigné. Qui lui avait proposé de s'y dévouer ? Personne. Il avait tout simplement compris l'utilité de cette institution dans le Cercle. Il s'y consacra spontanément. Certains dignitaires se vouent aisément aux services qui leur plaisent. L'idée ne venait pas à Chauvigné de consulter son goût; comme conseiller, il savait que son devoir était de corriger les abus. Il ne se demandait même pas s'il avait ou non les aptitudes requises. Il voyait certains services en souffrance, aussitôt il s'offrait à les remplir. Sa fidélité et son désir du bien suppléaient à ce qui pouvait lui manquer pour y réussir. Si, en définitive, sa bonne volonté aboutissait à un échec, il ne s'en troublait pas; il cherchait aussitôt quelque autre moyen d'arriver au but, et pratiquait ainsi cette vertu, que Dieu aime par-dessus tout à trouver chez les hommes de zèle, le détachement de soi-même et la pureté d'intention.

V

Il avait compris que le devoir d'un conseiller de Cercle était surtout l'action, et qu'un

conseil intérieur n'était pas une assemblée parlemen-
taire. Il était exact au Conseil, exact aussi aux exercices du Cercle, auxquels il assistait depuis l'ouver-
ture jusqu'à la fermeture de la maison. Dans le
Conseil il parlait peu et ne critiquait guère. Il appor-
tait trop de zèle dans ses fonctions pour n'avoir pas
à présenter des remarques ou des propositions. Il
s'exprimait alors avec la plus grande liberté, mais
toujours avec respect pour ses collègues et pour l'autorité du Directeur. Souvent il mettait fin à une
délibération, qui traînait en longueur, par un seul
mot plein de justesse et de bon sens.

La *Commission des nouveaux,* dont nous venons
de parler, et qui est établie aujourd'hui dans un
grand nombre de Cercles, est dûe à son initiative.
Le recrutement naturel de l'Œuvre se fait par le zèle
des membres qui amènent au Cercle des camarades,
mais il ne suffit pas de les y amener, il faut les y atta-
cher. Plusieurs de ceux qui se présentent ne revien-
nent pas, faute souvent d'un accueil suffisamment
aimable et empressé. Directeurs, Conseillers, Dignitaires ont des fonctions qui les absorbent trop pour
qu'ils puissent se consacrer exclusivement aux nouveaux venus, bientôt forcément délaissés par eux.

Chauvigné pensa que cette importante question ne
pouvait être résolue que par la création d'un service
spécial. Il écrivit au Directeur du Cercle Montparnasse une lettre, qui fut lue à l'assemblée générale
des Cercles en 1875, où elle produisit une vive sensa-
tion. Le conseil intérieur adopta à l'unanimité la pro-
position de Chauvigné. Une commission dite *des*

Nouveaux, fut instituée, et il en fut nommé président.

Il accepta cette charge et la remplit avec zèle. Il s'y sentait pourtant encore moins d'aptitude naturelle que pour la Commission d'entrain. Sa nature timide et peu expansive exigeait de lui des efforts et une véritable victoire, pour pratiquer cet accueil aux nouveaux, auquel il se voua désormais tout entier.

Il se fit affectueux, souriant. Ce qui lui était difficile avec les camarades les plus anciens, il devait le pratiquer avec tous ces nouveaux venus, de caractère, d'âge, de profession et d'origine si divers, dont se compose le personnel mouvant de nos candidats. Dieu seul connaît les efforts qu'il fit pour vaincre sa nature dans des fonctions aussi antipathiques à ses goûts.

Cet oubli de soi, et de tout attrait naturel, est, ce nous semble, la marque la plus manifeste de la sainteté du zèle de notre ami.

La plupart des institutions établies dans nos Cercles sont dûes à l'initiative des ouvriers. La vie propre de l'association ouvrière et sa grande part de responsabilité et d'administration sont une des raisons qui expliquent la propagation si rapide de l'Œuvre et le caractère d'unité qu'elle a pu conserver. Ses règles et ses usages ne sont pas le produit du génie d'un fondateur ni de l'étude des Comités. C'est le propre ouvrage des ouvriers et le fruit de l'entente des deux associations parallèles.

C'est le privilège de l'esprit chrétien de produire

des institutions, où se développe la vie la plus active dans un mélange admirable de liberté et d'autorité, de joie et de discipline, d'union et de respect. Le même phénomène existe depuis dix huit cents ans dans l'Église. L'atelier de Nazareth, où rayonne Jésus Roi et Jésus Ouvrier, est la clef de ce mystère, et quand le monde voudra s'éclairer à ce foyer lumineux, il aura résolu, tous les problèmes sociaux qui l'épouvantent aujourd'hui.

VI

Les quelques lettres que Victor Chauvigné écrivit à ses amis du Cercle, après les avoir quittés pour ne plus les revoir, font pénétrer dans l'intime de son âme. Elle sont parfois comme prophétiques et respirent un certain pressentiment de sa fin prochaine, malgré leur ton joyeux et famillier.

Voici comment il raconte au Président du Cercle son arrivée à son village, dans une lettre datée du 30 aout :

« Je n'ai pas eu de chance depuis que je suis dans « mon village; il a plu presque continuellement;

« impossible de sortir, à peine même si j'ai pu m'y
« rendre. Ce n'est pas une petite affaire d'aller de
« Tours à Chemillé, surtout lorsqu'il fait mauvais
« temps comme le jour où je suis arrivé. Huit lieues
« séparent mon village de la capitale de la Touraine.
« Il y a bien un chemin de fer, mais il vous laisse à
« moitié route. Il y a ensuite une voiture qui parcourt
« la moitié de ce qui reste, et le reste doit être fait
« à pied. Par malheur, la voiture se trouvait archi-
« pleine de voyageurs ; obligé de me mettre en avant
« presque entre les chevaux avec un parapluie d'em-
« prunt ; Les parapluies que l'on emprunte ne sont
« généralement pas bons, par un temps de pluie ; ar-
« rivé au terme où s'arrêtait la voiture, je me rap-
« pellais, pour en avoir fait une seconde édition la
« fameuse promenade dans les bois de Meudon, sous
« la conduite de M. S.... Comme j'avais ma malle, je
« pris d'autres effets et, par hasard, une voiture d'oc-
« casion couverte se trouvant là, elle m'emmena jus-
« que chez moi où je suis encore. Je repars demain
« pour coucher à Poitiers et je descendrai au Cercle,
« si toutefois on peut y coucher.

« Je ne sais pas si j'aurai le temps aujourd'hui
« d'écrire à M. M... En tous cas faites lui bien mes
« amitiés et aussi à tous mes amis. Tout ce que je
« leur demande, c'est de prier pour moi. J'en ai tou-
« jours besoin, *mais plus particulièrement dans ce*
« *mois-ci.*

« Je finis par où j'aurais dû commencer, par m'ex-
« cuser de n'avoir pas pris congé de vous avant de
« partir ; malgré que vous demeurez loin, j'aurais ce-

« pendant pu y aller ; je compte sur votre indulgence.
« Je vous embrasse de tout cœur. »

Le même jour, il écrivait à son voisin de chambre
au Cercle, cette lettre charmante, qui fut lue à
notre Assemblée mensuelle du 3 septembre, et
vivement applaudie. Qui eût pu prévoir que, trois
semaines après, son auteur aurait paru devant Dieu,
et que la même assemblée assisterait en deuil à son
service funèbre?

« Mon cher Pietro, je ne sais si vous pourrez lire
« cette lettre et, pour cette cause, j'hésite à vous
« écrire ; mais, après .tout, prenez une paire de
« lunettes françaises et ça ira tout seul.

« Depuis que je suis parti vous croyez peut-être
« que je ne suis plus à Paris. Eh bien, c'est une
« erreur, j'y suis encore. Je suis à Chemillé et je suis
« à Paris...... en esprit. Comprenez-vous ça? Je le
« suppose. Comment pourrait-il en être autrement?
« Comment pourrait-on quitter entièrement un petit
« Paradis comme le n° 4, entouré de fleurs et d'amis
« comme ceux qui y sont actuellement? Cela n'est
« pas possible.

« Lorsque le soir arrive, je vois mon ami Pietro
« ouvrir discrètement la porte et faire l'inspection
« pour voir si rien ne manque (car c'est le gérant
« responsable) et ensuite humecter la pervenche pour
« entretenir sa fraîcheur et ses fleurs. Tout ceci, je
« le vois et bien d'autres choses encore et je lui en
« suis très-reconnaissant.

« Je vois aussi, (et j'ai à peine besoin de vous le

« dire,) le Cercle tout entier, je suis avec lui. Par ce
« vilain temps qu'il fait, quand je ne puis pas sortir,
« je me rends à Paris, et le temps passe.

« Si vous êtes assez aimable, comme je l'espère,
« vous me rappellerez au souvenir des amis du quar-
« tier; Peut-être se souviennent-ils encore de moi?
« Si Belletre est revenu, vous lui souhaiterez le
« bon jour de ma part. Je vous embrasse de tout
« cœur. »

Et sur la page suivante, écrit au crayon :

« Je vous écris ces dernières lignes de Poitiers,
« assis sur le pied de mon lit, à la caserne. Voici un
« jour que nous sommes arrivés et nous ne sommes
« pas encore habillés. Je suis dans le 33ᵉ régiment
« d'artillerie, section à pied, 1ʳᵉ batterie. Je suis allé
« coucher à N.-D.-des-Dunes, au Cercle de M. l'abbé
« Fossin ; M. M... y était encore ce matin. Je regrette
« de ne l'avoir pas su. Je serais arrivé un jour plus
« tôt... »

Enfin, dans une lettre au Directeur du Cercle,
datée du Dimanche 7 septembre, douze jours avant
sa mort, il disait :

« . . . Je saisis l'occasion d'être venu à N.-D.-des-
« Dunes pour vous écrire, car je craindrais en atten-
« dant davantage de laisser écouler le mois tout en-
« tier, ce qui n'aurait pas été bien. »
« J'ai été en arrivant très-bien reçu par M. l'abbé

« Fossin ; j'ai couché au Cercle la première nuit. J'y
« ai passé la plus grande partie de la journée,
« dimanche dernier. J'irai tous les dimanches si nous
« n'avons pas trop d'exercices... Je suis maintenant
« encaserné pour vingt et un jours encore. Je n'irai
« pas au camp faire les grandes manœuvres. Je ferai
« tout mon temps à Poitiers.

« Lorsque mon congé sera fini, j'espère retourner
« à Paris ; je ne connais aucun empêchement jus-
« qu'ici. »

En effet, il ne pouvait prévoir celui qui, si peu de
temps après, allait rendre impossible son retour à
Paris : la mort en trois jours !

Dieu frappe en père ; notre ami eût pu mourir dans
une ville où il eût été inconnu ; mais à Poitiers il
s'est trouvé qu'il avait un oncle et une tante, et surtout un Cercle d'ouvriers aussi florissant, sinon plus
étendu et plus complet que son cher Cercle Montparnasse. Il y rencontra surtout un Directeur plein de
dévouement et de bonté, qui l'accueillit comme un
fils, lui ouvrit sa maison, sa bourse, et mieux encore, son cœur de prêtre ,tout brûlant pour le salut
des âmes, tout dévoué aux ouvriers.

M. l'abbé Fossin comprit de suite le cœur de notre
pauvre ami, et celui-ci s'attacha aussitôt à ce bon
prêtre et à son œuvre. On voit dans les précieuses
lignes que nous avons citées que son âme s'était
déjà donnée à cette œuvre, et que tous les instants
dont il pouvait disposer, il les lui consacrait. L'ar-
dente nature de Victor Chauvigné s'était éprise d'un

amour profond, immense pour l'Œuvre des Cercles.
Il ne parlait guère, il agissait, mais surtout il sentait. Son âme, restée pure, avait gardé, sons un
calme apparent, une sensibilité d'impression vraiment
exquise. Cette lettre à son ami Pietro est imprégnée
d'une véritable poésie, et l'on se demanderait où cet
humble ouvrier a appris le secret du style le plus
achevé et du sentiment le plus délicat, si l'on ne savait de quelles harmonies Jésus, dans la communion
et la prière, inonde une jeune âme restée pure et
fidèle.

<h2 style="text-align:center">VII</h2>

Victor devint assez souffrant quelque temps après
son arrivée à Poitiers.

A l'Œuvre de N.-D.-des-Dunes, où il passait tous
ses moments de loisir, on était étonné de l'inflamma-
tion de son teint et de ses allures tristes et absor-
bées. Au Cercle Montparnasse, s'il était peu causeur,
jamais il n'était triste.

Enfin la fièvre typhoïde se déclara chez lui avec
une extrême violence. Le samedi, 16 septembre, il fut
transporté de la caserne à l'Hôtel-Dieu de la ville,
hôpital à la fois civil et militaire. La veille, chez

son oncle, il avait donné des signes alarmants de délire.

A peine installé à l'Hôtel-Dieu, Chauvigné fit demander M. l'abbé Fossin. Celui-ci se rendit aussitôt à son appel. « Il s'est très-bien confessé et il est parfaitement disposé, » écrivait M. Fossin dans sa lettre du 18. Le pauvre enfant se sentait frappé à mort. M. l'abbé Fossin était sur le point de partir pour Angers, où il était appelé à l'occasion du 25me anniversaire de la fondation de l'œuvre de N.-D.-des-Champs. L'heure du départ du train approchait; Chauvigné retenait la main du bon prêtre et ne pouvait l'abandonner. Et quand celui-ci lui promettait sa visite aussitôt après son retour à Poitiers, le lundi suivant, « Monsieur l'abbé, lui dit notre ami, vous ne me retrouverez pas vivant... »

Le mal, en effet, faisait les progrès les plus rapides. Quand M. Fossin le visita à son retour, il le trouva en proie à un délire si violent, qu'on avait dû lui mettre la camisole de force. Il appelait sa mère à grands cris. L'aumônier de l'hôpital vint s'installer auprès de son lit. Il ne le quitta qu'après son dernier soupir.

Dieu permit que cet affreux délire cessât tout à coup, quand approcha le moment suprême. Il recouvra sa pleine raison, et reçut l'extrême onction avec une entière connaissance. Il put s'unir aux prières des agonisants. Sans cesse il portait à ses lèvres le crucifix et témoignait par ses paroles, son entière résignation à la volonté de Dieu. Il semble qu'il soit mort, étouffé par le sang qui s'était porté avec vio-

lence à la tête. Mais ce fut sur le crucifix qu'il rendit le dernier soupir, et remit son âme à son créateur.

VIII

Mardi matin, 18 septembre, le Directeur du Cercle
Montparnasse recevait une lettre datée de Poitiers.

Il pensa qu'elle était de Chauvigné, auquel il avait
écrit récemment, en l'invitant à lui envoyer de ses
nouvelles toutes les semaines, et lui promettant de
lui répondre exactement. Sans être inquiet, il était
cependant étonné de son silence. Il pensa donc que
c'était la lettre attendue, mais celle-ci était écrite
par M. l'abbé Fossin et annonçait, tout ensemble, la
maladie et le danger grave du pauvre Chauvigné.

Le Directeur avait pris ses dispositions pour partir
par le train le plus prochain, lorsque vers une heure
un télégramme arriva qui faisait part du décès de
Victor et de son convoi pour le lendemain, à six heures
du matin. Parti dans la soirée même, il arriva à Poitiers de grand matin, et fut aussitôt accueilli par la
bonne Supérieure des Sœurs de la Sagesse, qui des-
servent l'Hôtel-Dieu.

L'heure du convoi avait été différée jusqu'à midi, pour laisser à la famille le temps d'arriver. Le Directeur du Cercle Montparnasse put revoir le pauvre Victor, hélas! couché dans le cercueil; son visage un peu pâle n'était nullement changé. Il semblait endormi, et souriait avec sa gravité habituelle. Aucune tristesse n'était empreinte sur sa mâle et douce figure. Aucune trace de la violence du mal et de la fièvre furieuse qui l'avait agité, n'y paraissait. On n'y voyait que le calme des derniers moments d'un juste, qui s'est endormi dans le Seigneur.

A midi le cercueil fut exposé dans la cour de l'hôpital; sur le drap mortuaire étaient placés le dolman et le schako de l'artilleur; autour de la cour étaient rangés en ligne le capitaine, les officiers et tous les soldats de la batterie, au nombre de quatre-vingts.

Une députation des jeunes gens du Cercle de N.-D.-des-Dunes accompagnait son Directeur. Quatre d'entre eux, dont le Président, tenaient les cordons.

En tête du corbillard marchait le clergé, précédé de la croix; le frère et les autres parents suivaient, puis les artilleurs, et enfin, dans une voiture, la pauvre mère, qui avait fait près de soixante lieues, malgré ses soixante-sept ans, pour accompagner son cher fils. C'est ainsi que se forma le convoi touchant et solennel de notre ami, après la grand'messe chantée par M. l'Aumônier, et l'absoute donnée par M. l'abbé Fossin.

On se dirigea, sous un soleil splendide, vers le cimetière où se trouve le caveau destiné aux membres décédés de l'œuvre de N.-D.-des-Dunes. Par un sentiment de fraternité chrétienne bien digne du caractère de M. l'abbé Fossin, notre ami a été admis dans ce monument de famille.

On dût traverser une partie notable de la ville, et parcourir la route même que Victor Chauvigné suivait, lorsqu'il se rendait de la caserne à N.-D.-des-Dunes. Le convoi longea les vastes dépendances de cette œuvre magnifique et passa sous la main bénissante de la Très Sainte-Vierge Marie, dont la statue colossale, nouvellement érigée par l'Œuvre, domine la Ville.

On arriva au cimetière, à l'entrée duquel se trouve le caveau de N.-D.-des-Dunes, vaste monument funéraire, d'un caractère grandiose. Quatre sarcophages élevés sur des marches occupent la largeur du monument; au fond s'élève un mur où sont gravés les noms des membres décédés. Notre ami est le cinquième qui y repose, en attendant la résurrection bienheureuse. Au-dessus, est sculpté un bas-relief représentant la mort de saint Joseph, entre Jésus et Marie. Il est surmonté d'une croix qui domine tout le monument.

Au milieu de l'affliction que le coup terrible d'une mort si subite a jetée dans nos cœurs, en présence du vide immense que cette mort a fait parmi nous, c'est pourtant une consolation à notre douleur de penser que notre ami, a succombé dans l'accomplissement d'un patriotique devoir.

Puisqu'il devait quitter sitôt la terre et rendre à Dieu dans toute sa pureté sa belle âme, sans presque avoir connu les choses de ce monde, sinon le travail et les œuvres de zèle, n'est-il pas doux de penser que lui, qui avait aimé si passionnément notre Œuvre et appliqué toutes ses pensées au salut des jeunes gens, repose maintenant à l'ombre d'une grande Œuvre ouvrière

Puisqu'il ne devait pas mourir au pays natal, ni près de nous, pouvait-on désirer pour lui une tombe plus tranquille et plus belle?

Les sépultures des membres de N.-D.-des-Dunes sont jonchées de fleurs et de couronnes, et chaque dimanche les membres de l'Œuvre, dont la maison est toute voisine, viennent déposer des fleurs sur la tombe de leurs frères et prier pour eux. Ainsi, notre Victor bien aimé sera constamment visité dans cette nécropole ouvrière, ou plutôt dans cette pieuse catacombe, par ceux qu'il aima le plus au monde après sa mère, les jeunes ouvriers chrétiens.

IX

Quand les ouvriers qui habitent au Cercle Montparnasse, revinrent de leur travail à l'heure accoutumée, et qu'ils apprirent la triste nouvelle, ils furent frappés de stupeur; la mort est la vérité dont

on doute le plus, quand on est jeune. On ne peut
croire qu'elle frappe, si elle existe, avant la vieil-
lesse. On ne peut s'imaginer qu'elle brise, en
trois jours, un corps de vingt-huit ans. Après le
premier saisissement, les cœurs se fondirent; on
entendit les sanglots étouffés de ceux qui es-
sayaient de cacher leurs larmes. Les salons, si
bruyants et si joyeux tous les soirs, furent silencieux.
D'un commun accord tous les jeux furent supprimés.
Dans les groupes mornes quelques paroles étaient à
peine échangées. On se pressait dans le vestibule
autour du cruel télégramme. On le relisait sans pouvoir y croire.

Ceux du dehors ne connaissaient guère Chauvigné que par son dévouement extérieur. Ceux qui
habitaient la maison, accoutumés à le trouver toujours là, comme le gardien du Cercle, à échanger chaque jour, avec lui, depuis quatre années, une parole
amicale ou plaisante, sentaient qu'ils venaient de
perdre un ami dévoué, un frère, ou plutôt, que la
famille du Cercle s'était comme brisée.

Pour bien comprendre la vivacité de la blessure,
il faut connaître l'intime de la vie des ouvriers habi-
tant le Cercle et la puissance des amitiés chrétien-
nes entre ces cœurs d'élite, les joies d'enfant de ces
âmes honnêtes, la confiance et l'estime mutuelles
qui les unissent. L'horrible corruption des ateliers
augmente, pour les ouvriers chrétiens, le bonheur et
l'union de cette petite communauté ouvrière, arche
d'honneur et de salut où ils se réfugient.

Aucun ne va prendre son repos, après la prière

faite en commun, sans se dire adieu, sans se serrer la main.

La petite chambre de Chauvigné, à cause de son séjour permanent au Cercle, était comme le foyer de famille où chacun allait dire son mot. La mort, comme un coup de foudre, a glacé de terreur le nid joyeux. Et les larmes silencieuses coulent sur ces figures habituellement épanouies par le rire et la joie.

Le Dimanche 24 septembre était fixé pour la célébration d'une des fêtes de famille du Cercle, celle du Directeur. Ce jour de réjouissance fut changé en un jour de deuil et de larmes. Tous les membres du Cercle furent convoqués pour la messe dite à l'intention du cher défunt. L'assistance était considérable. La messe fut entendue avec le plus profond recueillement, et, sans nul doute, l'attitude de l'auditoire fut pour quelque chose dans l'éloquente inspiration du prédicateur[*], qui prononça l'oraison funèbre de l'humble ouvrier.

C'est un vif regret pour nous de ne pouvoir la reproduire. Au moins essaierons-nous d'en donner quelque idée, en insérant ici l'un de ses principaux passages. Ce sera comme une fleur d'un parfum exquis, déposée sur ce modeste tombeau.

« . . . Dieu vivait en lui ; — j'ai visité sa modeste chambre : je ne m'arrête à vous parler ni de l'ordre qui y régnait, ni de cette petite horloge, dont la mar-

---

[*] M. l'abbé Le Nordez, chapelain de Sainte-Geneviève.

che s'était suspendue à la douzième heure, comme
si l'ange gardien de cet humble logis eût voulu donner un présage de la mort imprévue qui devait arrê-
ter notre ami, au midi de la vie.

« Je ne vous dis rien même de cette statue de la
Vierge, posée sur son piédestal à la place d'honneur;
un autre objet me frappa davantage : là, dans l'em-
brasure de la fenêtre, sur la planche noircie qui lui
servait d'établi, je vis un vieux crucifix de cuivre
placé parmi quelques outils employés, sans doute, à
la dernière heure, au moment du départ; un frotte-
ment répété en avait rendu brillants les reliefs. On
voyait que, pour notre ami, ce n'était pas un objet de
luxe, et qu'il en faisait un fréquent usage. Je vis
cela, et j'avoue que j'en fus ému. Je me recueillis,
fermai les yeux et je crus le voir, ce bon ami, cet
ouvrier chrétien, assis à la besogne, sous l'œil de
Dieu! Je me tenais à l'écart, et je le voyais, tra-
vaillant en fredonnant quelque cantique du Cercle,
ou quelque chant patriotique; frappant gaiement et
laborieusement la semelle pour nourrir sa mère, et
pour glorifier Dieu; puis, de temps à autre, jetant
sur son crucifix ce regard que vous lui connaissiez,
étendant sa loyale et robuste main pour ramener sur
ses lèvres et pour baiser le divin ami, qui jadis avait
comme lui, travaillé sur la terre, et sous les yeux
duquel il voulait travailler toujours.

« O Christ! ô Maître! pourquoi donc ceux qui nous
conduisent, ou par l'ascendant de la science et du
génie, ou par celui de la situation qu'ils doivent aux
suffrages publics, tant d'hommes ont-ils voulu vous

bannir de la chambre de l'ouvrier! ... Crime ou folie, où veulent-ils en venir! Qui vous remplacera, Seigneur, dans la mansarde ou l'atelier? La volupté s'est assise à ces foyers où vous n'étiez plus! Mais, si le plaisir enivre, il ne guérit pas. La cupidité lui est venue en aide; mais, si l'or qu'elle accorde a donné la jouissance, il n'amène avec lui, ni la paix, ni la dignité de la vie... Vous l'avez égaré, ce peuple affamé, sans le savoir, du Dieu que vous lui avez ravi. Vous lui avez donné la parole à ces tribunes publiques où votre voix ne prétendait plus être que le servile écho de celle de ses passions. Et il a continué de dire, ou plutôt de hurler : « J'ai faim, je « souffre, je hais. » C'est le seul cri qui dominera les ruines que vous avez entassées, jusqu'au jour, trop éloigné peut-être, où lassé d'aventures, rejetant du pied vos idoles vermoulues ou souillées, il reviendra, prodigue converti, jeter au pied de la croix, cet aveu du grand pénitent :

« Vous m'avez fait pour vous, Seigneur, et mon cœur ne trouve nul repos, quand il le cherche autre part qu'en vous. » (Saint Augustin.)

La cérémonie se termina par une quête, dont le produit était consacré aux frais d'une couronne funéraire, qui devait être envoyée à Poitiers et déposée sur la tombe de Victor Chauvigné, au nom des membres du Cercle Montparnasse, par les membres de N.-D.-des-Dunes.

On a trouvé dans la Chapelle du Cercle Montparnasse, le soir même de la cérémonie, un papier sur

lequel était tracée sans art la prière suivante, com-
posée, sans doute, par un des ouvriers ses amis.

Nous la reproduisons textuellement, comme la
naïve expression des sentiments que Chauvigné avait
inspirés à ceux qui l'ont connu, et de leur confiance
dans son intercession auprès de Dieu. Elle est la
meilleure conclusion de ces pages, que nous aurions
voulu plus dignes de la noble vie et de la belle âme
de cet humble travailleur.

Voici cette prière :

*Mon Dieu, ayez pitié de votre humble serviteur
Chauvigné. Il a bien vécu, il doit être bien mort.
Si vous êtes aux Cieux, Chauvigné, priez pour
nous, afin que, comme vous, nous puissions un
jour parvenir où vous êtes, par notre humilité et
notre douceur. Adieu, jusqu'à l'Éternité!*

FIN.

ACHEVÉ
D'IMPRIMER EN
LA FÊTE DE SAINT
PHILIPPE DE NÉRI, LE VINGT
SIX MAI DE L'AN DE GRACE MIL
HUIT CENT SOIXANTE DIX SEPT, PAR
JEAN FRANÇOIS MERSCH, QUI COMPOSA, ET
ÉMILE FOUDRAL, QUI IMPRIMA LA PRÉSENTE VIE DE
LEUR AMI VICTOR CHAUVIGNÉ, EN LA PROPRE
CHAMBRE QU'IL HABITA PENDANT QUATRE
ANNÉES AU CERCLE MONTPAR-
NASSE, ET OU EST ÉTABLIE
L'IMPRIMERIE SAINT-
GÉNÉROSUS

LOUANGE A DIEU

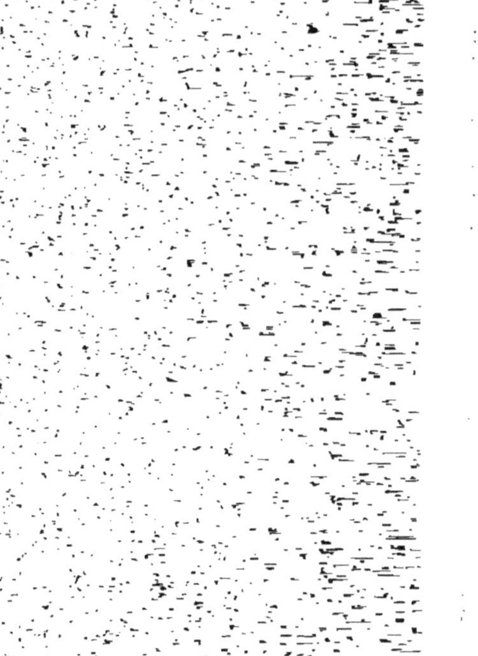